भावुक की भावनाएँ

राजेश लूणा 'नवोदयन'

यह कृति समर्पित है

मेरे प्रिय दोस्त को,

जिन्होंने मुझे हर पल उत्साहित किया!

यहाँ तक कि मेरी हर झूठी जिद्द को सुनकर भी
मेरी हाँ में हाँ कहते गए।

कहीं न कहीं मैं उनका भी ऋणी हूँ...

क्रम-सूची

प्रस्तावना

आज की इस भागदौड़ भरी दुनिया में लोगों ने खुद से बात करना ही छोड़ दिया है ! पता नहीं, कैसे जिन्दा रहते हैं वे लोग, जो भीड़ में हो कर भी अकेले हैं! जब मैं इस जंजाल को देखता हूँ तो एक सुकून भरी साँस लेकर खुद से कहता हूँ कि- "आखिर मैंने आनंद और ख़ुशी के साथ जीने का रास्ता ढूँढ ही लिया"

जो व्यक्ति खुद पर बीती हुई बात या घटना को भी अपने किसी शुभचिंतक के साथ न बाँट सके तो फिर कैसा रिश्ता, और कैसा प्यार?

लेकिन मैं मानता हूँ कि जिस व्यक्ति के साथ कोई उसका सुख-दुःख बांटने वाला ना हो तो उसे लिखना आना चाहिए! अगर उसे लिखना आता है तोह पूरी कायनात उसकी सुनती है, यहाँ तक कि उसका खुद का दिल भी सुनता है!

अगर किसी का दुःख समझना है तो हमें लिखना आना चाहिए, वरना हम खुद के बारे में भी नही जान पाएंगे कि असल में हमें क्या तकलीफ है और हम क्या चाहते हैं! और लिखना सिखने के लिए हमें अपनी जिंदगी में कडवे अनुभव लाने होंगें, जो कि हिम्मत रखते हो इस दुनिया की हर सच्चाई बताने की! अगर ऐसा होता है तो हमारा लिखना सफल कहलाएगा!

आपका अपना,

राजेश लूणा 'नवोदयन'

- युवा लेखक और प्रेरक वक्ता

विचारों की व्यथा

“"क्या आप नवोदयन बनकर

एक जाति-मुक्त समाज का निर्माण करना चाहते
हैं..??
यदि हां,
तो आइये अपने बच्चों को शिक्षित करें ।”

"मैं खुद लोगों को सम्भलने के लिए कहता हूँ...

लेकिन...
फिर याद आया,
कि मैं भी एक दिन
एक कुत्ते से कटवा के आ गया था ।"

"वह हमेशा प्यारे लगते हैं , "
जो दूर दूर रहते हैं!!"

"आप के दुखी होने का कारण
आप के दुख नहीं हैं,
बल्कि आप के सुख हैं ।"

"

"बहुत कोशिश करता हूँ
हर किसी को खुश रखने की,
लेकिन
आखिर में
लोग अपनी औकात दिखा ही देते हैं !""

"अगर आप को जानना है
कि प्यार कैसे करते हैं,
तो आप एक 'माँ' से सीखें..!!"

"जो लोग कहते थे-
"मैं गरीबों की सेवा करूँगा",
आज तक वो ही लोग
इन्हें कुचलते आए हैं।""

"मैं एक दिन मेरे देश के एक जवान से बोला,
"भाई ! मेरी जान आप पर न्यौछावर है ।
"उन्होंने मुझे जवाब में कहा,
"तुने इतना कष्ट क्यों किया है, भाई!
मैं तो खुद अपनी जान
हथेली पर लेकर घूमता हूँ ।"

"

"मैं उस दिन बहुत दुखी हुआ
जब सड़क पर एक बच्चा
मुझसे आकर बोला,
"साहब ! 5 रुपये दे दो, सुबह से भूखा हूँ ।"""
"

"

"जब आप हंसती हो, तो बहुत प्यारी लगती हो !
आपको देखते ही मेरे तन में जान आ जाती है !!
ये आप की गलती नही है, माँ !
आपका प्यार ही ऐसा है ।""

❧❧❧

"

"आखिर क्यों एक अच्छा-खासा किसान अक्सर

फांसी के फन्दे कोअपने गले लगा लेता है..???""

❧❧❧

"मैं जब किसी बच्चे को अपने पिता के
कंधे पर झूलता हुआ देखता हूँ,
तो मुझे भी अपने पिता की याद आती है

और मैं रोने लगता हूँ !!!"

❧❧❧

"

"कुछ लोगों की भूलने की बिमारी
इतनी बड़ी है,
कि वो
अपनों को भी भूल जाते हैं !!""

❧❧❧

"एक हसीना को देख कर
मैं सोचने लगा,
"क्या इस दुनिया में कोई इससे भी
ज्यादा हसीन है..??"
....
फिर अचानक मुझे 'माँ' याद आ गई..!!

❧❧❧

"

"मैं इतना अच्छा इन्सान
बनना चाहता हूँ, कि
इस दुनिया के हर माँ- बाप
मुझे अपना बेटा माने !!""

"प्यार में जीने- मरने की
बात तो छोड़ो साहब.....!!
......बस अपनी जिंदगी के
पल दो पल
अपने माँ- बाप के
साथ बिता लिया करो !!"

"

"सीखा तो हम ने
फूलों की तरह ही महकना है,
पर पता नहीं
कैसे हम किसी को
कान्टे की तरह चुभ जाते हैं !""

❧❧❧

कभी कभी मैं सोचता हूँ,
एक फरिश्ते के बारे में,
भूलते खुद की शक्ति जब,
हमें स्मरण करवातें ये,
हो चाहे कैसा भी संकट,
साथ हमारे हर वक्त है !!
बड़ा ही प्यारा नाम है यह,
उससे भी प्यारा वो शख्स है !

निष्पक्ष के भाव को लेकर,
हर जन को समान दिखे !
"झुकना पड़े" चाहे कितना भी,
लेकिन फिर भी आप "नहीं बिके"!
ना लेते ये खुद का लाभ हैं,
फिर भी इन्हें सब कहे गुणी,
हे गुरुवर! मेरा नमन आपको,
आपका हूँ मैं अत्यंत ऋणी.!!

"

"जिंदगी जीना तो उस

गरीब से सीखो,

जिसने खुद भूख मरते हुए भी

अपनी औलाद को

इस दुनिया का हर सुख दिया है !!""

"आज मेरे देश की एक बेटी के
साथ बलात्कार किया गया,
और उसे मार दिया गया!

....

....

शायद, उस बेटी का बलात्कार
करने वालों के
कोई बहन या बेटी नहीं थी!!

"

"अगर किसी व्यक्ति के चेहरे पर
'गम्भीरता' नहीं हो, तो
उसे 'भोला' समझ लिया जाता है!!""

"किसी लड़की को

'माल' बोलने से पहले एक बार उसे

'बहन' बोलने की भी हिम्मत कर लेना....

....

दिल को सुकून मिलता है !!""

"सपने वही देख सकता है, जिसको
रात में
सोते समय भी नींद न आए !!"

"

मैं भगवान को नहीं मानता हूँ,
क्योंकि मेरी 'माँ' ही मेरी सब
प्रार्थनाओं को कबूल कर लेती हैं !"

"जब हम बच्चे थे, तो बिना किसी बहाने
के ही रो पड़ते थे.... लेकिन आज
हमें रोने के लिए भी
'कोना' ढूँढना पड़ता है..!!"

"

"चल आगे बढ़ मेरे दोस्त !
तेरे चाहने वालों के दिल में
तेरे लिए कुछ आशाएँ हैं..!!""

"हर किसी को 'आतंकवादी' बनने का
शौक नहीं है साहब....
क्या पता उसकी ऐसी 'मजबूरियाँ' रहीं हो !!"

"

"कभी मैं भी हर किसी को 'बदलने की'
हैसियत रखता था...
लेकिन
फिर कुछ ऐसी कड़ियों से गुजरा,

कि लोग 'मुझे ही' समझाने में लग गए....""

"अगर आप कभी भी कहते हो कि "लड़कियाँ
किसी से 'कम' थोड़े ही हैं!".... तो
इसका मतलब यह हुआ कि आप
लड़कियों को कहीं न कहीं 'कम' ही मानते हो..."

"

"हमारी बराबरी करना छोड़ दो, मेरे दोस्त!
....
क्योंकि हम तो 'देह-व्यापार' करने वाली औरत को
भी

'बहन' कहकर पुकारते हैं...!!

क्या ऐसा कर पाओगे..??"”

"आज कुछ ही 'राक्षसों के कारण'
कोई भी 'बहन' किसी 'अनजान' पर
विश्वास नहीं कर पाती है...!!"

“

"जब किसी के पास उसके 'सपने'
और 'अपने' ना हो,
तो उसकी जिन्दगी
'बद' से 'बदतर' हो जाती है..!!"”

"अपने 'सपने' जिन्दा रख मेरे दोस्त!
कोई फर्क नहीं पड़ता
कि तू कितना 'अमीर' है...!!"

"

"मुझे लगता है
आप इससे ज्यादा 'दिव्यांग' तो नहीं हो...
......
इसलिए खुद से प्यार करो दोस्त !!""

"हम कहीं भी सुरक्षित नहीं हैं.....
यहाँ तक कि..
'रिश्तों' को बनाये रखने के लिए भी
'औरों' की माननी पड़ती है !!"

❧❧❧

"

"नहीं चाहिए मुझे किसी भी
मनुज की मीठी बातें !
मेरी कोशिश हमेशा यही रहेगी,
कि हर मनुज अपनी सोच बदले..!!""

❧❧❧

"मैं इस जिन्दगी को समझना चाहता हूँ !
लेकिन जैसे ही इसको

समझने की कोशिश करता हूँ, तो
इसमें और उलझने लगता हूँ..!!

"

"मुझे उस 'प्यार' के बारे में
जरा भी मालूम नहीं है,
जो एक 'लड़का- लड़की' में होता है !
लेकिन,
मैं उस 'प्यार' के लिए 'जान' देने को तैयार हूँ,
जो 'माँ- बेटे' में होता है !!""

"मैं इस दुनिया में 'लड़कियों' के पीछे
घूमने के लिए नहीं आया हूँ, 'मेरी जिंदगी' उनसे
'लाखों- करोड़ों' गुणा ज्यादा अनमोल है !

इन 'फालतू कामों' के लिए
मेरे पास समय नहीं है, अभी मुझे अपने
बहुत सारे 'सपने' पूरे करने हैं !!"

"

माँ...!
मैं सिर्फ आपकी 'लोरी ही 'सुनना चाहता हूँ,
मुझे किसी का 'झूठा प्यार' पसंद नहीं है !!""

"हर 'बलात्कार' के पीछे
किसी 'लड़की' के 'फैशन' का
हाथ होता है, या उस
'बलात्कारी' के 'संस्कारों' का...??"

❦❦❦

"

"क्या कोई ऐसा भी देश है,
जहाँ पर ऊँच-नीच का
भेदभाव ना होता हो...??
....
मैं वहाँ जाना चाहता हूँ, और
मानवता का आनन्द लेना चाहता हूँ...!!""

❦❦❦

"∗याद रखना∗

जब आपको 'अपने ठुकरा दे',
तोयह मत सोचना कि 'आपने' उनको
खो दिया है...बल्कि यह सोचिए कि
उनको 'आपकी जरूरत ही नहीं थी'...!
और एक दिन 'ऐसा आदमी बनकर
दिखाईये' कि 'आप से' मिलने
के लिए भी 'उन्हें तरसना पड़े'....!!"

"

बाप के कपड़े उतर गए,

बेटी को कपड़े पहनाने में!

बेटी के कपड़े उतर गए,

सोशल मीडिया पर फॉलोअर्स बढ़ाने में!!"

"मैं इतना भी गरीब नहीं हूँ...!

अगर मेरे पास 10 रूपये हो,
तो मैं उनमें से
2 रूपये दान भी कर देता हूँ....!!"

"

"आज एक चिड़िया भी मुझसे बतलाई थी...

बोला तो बस इतना ही था-

"मुझे जोर की प्यास लगी है! ""

"बहिन थी वो मेरी....

बहुत कुछ देना चाहती थी मुझे,
वह एक अनजान सी लड़की!
....
अपनी दुआओं के साथ साथ,
उसने अपना सब कुछ मुझे सौंप दिया..."

"

"कुछ नहीं रखा है औरों के साथ पंगे लेने में..

मज़ा तो ख़ुद से लड़ने में ही है..!!"

"मैं बहुत हुआ शर्मशार
उस शाम को,
जब...
उन्होंने मेरे रिश्ते को शर्मिंदा किया !!"

"

"मैं तो अपना रिश्ता बचाने के लिए

उनके पीछे भागा था !

लेकिन, उन्होंने मेरे इस रिश्ते को

'हवस' नाम दे दिया ..!!""

"

"क्या अपना, क्या पराया !
......
सब जगत के धंधे हैं....!!""

"पता नहीं क्यों...

अक्सर...

मैं उसी के साथ लड़ा करता हूँ,
जो मुझे जिगर का टुकड़ा लगता है...!"

"

"नोटों के अलावा
कुछ भी
नहीं बदला मेरे देश में..!
.....
यहाँ आज भी हर गरीब नंगा है..!!""

"थोड़ा सब्र कीजिये, मुलाकात भी करेंगे,
अभी समय थोड़ा कठिन है!
हम भूल बैठे हैं, इन सपनों के चक्कर में,
क्या रात और क्या दिन है!!"

"

"मैं नहीं जानता कि दुनिया
मुझे किस प्रकार का व्यक्ति समझती है..!
पर मुझे इतना तो विश्वास है कि
मुझे 'हर रिश्ता' बहुत अच्छे से
निभाना आता है..!!"

"डर नही मुझे दुश्मनों का,
क्योंकि मेरी बहन मेरे साथ है!
अरे! डाँटती बहुत है वो मुझको,
पर, प्यार भी उनका लाजवाब है!!

"

"जिंदगी बड़ी आसान है,
अगर आप थोड़ा मुस्कुराना सीख लो तो..!!""

"एक 'पिता' की क्या एहमियत है,
यह मैं ही जानता हूँ.!
क्योंकि....
"एक भूखा ही समझ सकता है
"रोटी" की कीमत..!!"

"

"बहुत हतोत्साहित महसूस होता है,
जब कोई साथ नही देता..!!""

❧❧❧❧

"जब आप ग़लत होते हैं,
तो सब लोग आपको सन्मान देते हैं..!
मैं कहता हूँ आप एक दिन के लिए ही
सुधर जाओ,
दुनिया आपको 'मारने' पर तुल जायेगी...!!

❧❧❧❧

"चाहे हो पवनें शीतलहर की,

चाहे हो शीत फव्वारे..!

हर वर्ष चाहे अकाल हो पर

ये हिम्मत कभी न हारे..!!"

❧❧❧❧

“"अन्याय सब लोग झेलते हैं..!

पर.... यह बात अलग है कि

इसके विरुद्ध कुछ लोग ही बोल पाते हैं.. !!
"

"जिन लोगों ने अपने 'दिल' को भी
'जनता का देश' बनाया,
हम वो भटके हुए नौजवान हैं.!

“"बड़ा तड़पाती है यह जिंदगी,

जिनके साथ इसकी बनती नहीं..!!"”

“"तुम्हारे सपनों का कहीं गला न सूख जाये..

थोड़ा थोड़ा पानी तो पिलाते रहो मेरे दोस्त.!"”

"मत लगाइये किसी भी ख्वाहिश को दिल से!
नही मिली अगर वो कहीं तो
आप भी टूट जाओगे,
उन कच्ची ख्वाहिशों की तरह..!!"

"

"कभी शीशे के सामने खड़े होकर
देख लीजियेगा...
शायद आप लोगों को
अपना दुश्मन नज़र आ जाए!!"

"रातें भी बड़ी मुश्किल से कटती हैं,
जब दो दिलों की दूरियाँ बढ़ती हैं!"

"वो बोले- "आजकल तो

लड़कियों से दिल लगा बैठे हो.!

"मैंने कहा- "अगर आप कहो तो,

आपका भी चिट्ठा खोल दूँ?""

"मत आंकिये हमें उस "दो टक्के" आशिक जैसा,
हम वो नहीं है
जिनको 'जिस्म की भूख' चढ़ी रहती है!"

"

"उसे पूरी भीड़,

उसकी 'जात' से गाली दे रही थी.!

और वो अपनी 'जात' ढूँढ रहा था,

सड़क पर पड़ी

'एक सूखी रोटी के टुकड़ों में'..!!"”

"'त्यौहार' भी बड़ी अजीब दास्ताँ है.!
यही है जो 'गुजर जाने वाले
अपनों की याद' दिलाता है.!!"

""भर लो एक उड़ान अपने सपनों की.!

क्योंकि जिनके पँख नहीं हैं,

वो लोग भी आज 'आकाशगंगा' खोज रहे हैं..!!"”

"

"किसी के खून-पसीने से
बनाई गई चीजें अक्सर खूबसूरत हुआ करती हैं।
....

चाहो तो इन फसलों को ही देख लो...!!""